Made in the USA
Coppell, TX
10 December 2023

25774904R10061